essentials

Essentials liefern aktuelles Wissen in konzentrierter Form. Die Essenz dessen, worauf es als „State-of-the-Art" in der gegenwärtigen Fachdiskussion oder in der Praxis ankommt. Essentials informieren schnell, unkompliziert und verständlich

- als Einführung in ein aktuelles Thema aus Ihrem Fachgebiet
- als Einstieg in ein für Sie noch unbekanntes Themenfeld
- als Einblick, um zum Thema mitreden zu können.

Die Bücher in elektronischer und gedruckter Form bringen das Expertenwissen von Springer-Fachautoren kompakt zur Darstellung. Sie sind besonders für die Nutzung als eBook auf Tablet-PCs, eBook-Readern und Smartphones geeignet.

Essentials: Wissensbausteine aus Wirtschaft und Gesellschaft, Medizin, Psychologie und Gesundheitsberufen, Technik und Naturwissenschaften. Von renommierten Autoren der Verlagsmarken Springer Gabler, Springer VS, Springer Medizin, Springer Spektrum, Springer Vieweg und Springer Psychologie.

Dirk Baecker

Postheroische Führung

Vom Rechnen mit Komplexität

Dirk Baecker
Zeppelin Universität
Friedrichshafen
Deutschland

ISSN 2197-6708   ISSN 2197-6716 (electronic)
essentials
ISBN 978-3-658-08430-1   ISBN 978-3-658-08431-8 (eBook)
DOI 10.1007/978-3-658-08431-8

Die Deutsche Nationalbibliothek verzeichnet diese Publikation in der Deutschen Nationalbiblio-
grafie; detaillierte bibliografische Daten sind im Internet über http://dnb.d-nb.de abrufbar.

Springer Gabler

Gedruckt auf säurefreiem und chlorfrei gebleichtem Papier

Springer Fachmedien Wiesbaden ist Teil der Fachverlagsgruppe Springer Science+Business Media
(www.springer.com)

Was Sie in diesem Essential finden können

- Ein postheroisches im Unterschied zu einem heroischen Führungsverständnis
- Die Umstellung von einem Verständnis der Organisation als Maschine auf das eines sozialen Systems
- Ein Verständnis von Management und Führung aus ihren unterschiedlichen Kontexten heraus: Wirtschaft und Gesellschaft
- Eine Beschreibung vermutlich robuster, weil fraktaler Gruppengrößen in Organisationen
- Eine problemorientierte Einführung in eine Organisationstheorie, die Verständnis für betriebswirtschaftliche Reduktionen hat

Vorwort

Der folgende Beitrag ist auf Einladung von Sven Grote entstanden, der ihn in seine umfangreiche Sammlung von Fragestellungen zu einer „Zukunft der Führung" aufgenommen hat (Grote 2012, S. 475–491). Ich habe den Beitrag meinerseits wieder abgedruckt in einer Aufsatzsammlung, die unter dem Titel „Organisation und Störung" erschienen ist und für eine Umstellung der Organisations- und Managementtheorie von einem Konzept der Steuerung auf ein Konzept der Störung plädiert (Baecker 2011, S. 269–288). Das klingt herausfordernder, als es gemeint ist. Im Prinzip geht es um eine Selbstverständlichkeit, nämlich die explizite Einführung von Negationsmöglichkeiten auch in das System der Organisation. Organisation wird zu oft als Identität einer Einheit nach Maßgabe eindeutiger Zielsetzungen verstanden, obwohl jede Praxis, wie jeder weiß, davon abweicht. Ein genaueres Kalkül von Negationen, also von Widerstand, Ablehnung, Unwillen, Abweichung und Verweigerung, das als dieses Kalkül so oder so unsere Sätze, Gesten, Handlungen und Entscheidungen dirigiert, kann den Blick auf die Nichttrivialität der Organisation, ihres Managements und ihrer Führung lenken. Und damit plädiere ich nicht etwa für eine neuartige oder auch ganz alte Unterwerfung der Organisation unter eine zweiwertige Ja/Nein-Logik, sondern ganz im Gegenteil für eine höchst praktische, weil empirische Reflexion auf alle jene Kontexte einer Organisation in Wirtschaft und Gesellschaft, aus denen sich Gründe für diese Negationen rekrutieren lassen. Jedes Nein ist eine Sondierung jener Verhältnisse, die es begründen könnten. Wer Nein sagt, weiß etwas. Und das kann wichtiger oder unwichtiger sein, je nach Blickwinkel. Und auch zum Nein kann man Nein sagen. Es lohnt sich, Kommunikationen innerhalb von Organisationen daraufhin zu beobachten, wie sie dieses Nein meiden wie der Teufel das Weihwasser, also sehr genau um es wissen. Es ist implizit einer der wichtigsten Treiber sowohl der Komplexität der Organisation als auch ihrer Fähigkeit, mit dieser Komplexität, dem immer mitlaufenden Wissen um die Alternative, umzugehen. Führung kann man nur verstehen, wenn man sie daraufhin beobachtet, wie sie das Nein in Rechnung stellt, von dem sie scheinbar nichts weiß, und ein Nein androht, das sie niemals aussprechen würde. Das gilt heroisch wie postheroisch. Postheroisch jedoch versucht die Führung die Organisation mit ihrem Wissen anzustecken, das sie heroisch als Geheimnis gehütet hat. Wie das funktioniert, muss man sich anschauen. Es macht die Organisation intelligent.

Basel, im Oktober 2014   Dirk Baecker

Inhaltsverzeichnis

Einleitung

1

Postheroische Führung ist eine Führung, die ein Team, ein Projekt, eine Abteilung, ein Unternehmen, ein Land nicht nur nach außen repräsentiert und nach innen eint, sondern darüber hinaus Repräsentation und Einheit nicht miteinander verwechselt, sondern so voneinander unterscheidet, dass das Innen und das Außen variiert werden können, ohne die Existenz des Teams, des Projekts, der Abteilung, des Unternehmens oder des Landes aufs Spiel zu setzen. Postheroische Führung findet dort statt, wo eine Übersetzung des Außen in das Innen oder umgekehrt des Innen in ein Außen nicht möglich ist und diese Unmöglichkeit in immer wieder neue Strategien und Taktiken der Auseinandersetzung umgesetzt wird. Postheroische Führung ist daher nicht nur situativ, inkrementalistisch und improvisiert, sondern auch in der Hinsicht prozessorientiert, dass immer wieder neu überprüft wird, mit welchen Ideen, Diagnosen, Kompetenzen und Ressourcen man unter welchen Umständen welche Erfahrungen gemacht hat.

Heroische Führung besteht darin, sich diese Arbeit einer postheroischen Führung zu ersparen und stattdessen eine Idee, ein Ziel, einen Angriff an die Stelle dieser Arbeit zu setzen, um mit diesem einen Ansatz entweder zu triumphieren oder unterzugehen. Heroische Führung bietet nicht nur den Vorteil der Arbeitsersparnis, sondern auch den Vorteil, Recht behalten zu können. Im Fall des Triumphs liegt das auf der Hand, im Fall des Untergangs scheiterte man am Unverständnis der Welt oder an der Inkompetenz der Mitarbeiter. Die heroische Führung kennt zwar ebenfalls einen Unterschied zwischen Team, Projekt, Abteilung, Unternehmen oder Land auf der einen Seite und dem Rest der Welt auf der anderen Seite, aber dieser Unterschied wird nicht genutzt, um ihn zu erhalten und zu pflegen, sondern er wird genutzt, um ihn zu streichen: Die erfolgreiche heroische Führung

© Springer Fachmedien Wiesbaden 2015
D. Baecker, *Postheroische Führung,* essentials,
DOI 10.1007/978-3-658-08431-8_1

unterwirft die Welt der eigenen Organisation, die erfolglose lässt die eigene Organisation in der Welt verschwinden.

Die Welt der heroischen Führung ist einfach. Sie kennt nur Gewinne und Verluste. Und sie preist ihre Helden dafür, dass sie eine klare Orientierung bieten und mit leuchtendem Beispiel, das heißt mit Siegeswillen und Opferbereitschaft, vorausgehen. So oder so wird man im Anschluss etwas zu erzählen haben, wenn man denn die Sache überlebt. Die Welt der postheroischen Führung ist komplex. Sie kennt Gewinne, Verluste und darüber hinaus nicht nur deren Ununterscheidbarkeit, sondern auch die Schnelligkeit, mit der das eine sich als das andere herausstellen kann. Sie muss auf Helden verzichten und dennoch immer wieder neu Orientierung schaffen. Zu erzählen hat sie fast nichts, sieht man davon ab, dass dennoch dauernd Geschichten erzählt werden, denen jedoch auf eine immer wieder enttäuschende Art und Weise die Pointe zu fehlen scheint.

Eine so eindeutige Unterscheidung zwischen heroischer und postheroischer Führung, wie wir sie hier konstruieren, ist ihrerseits heroisch. Sie macht die Dinge zu einfach. Stattdessen wird man es in der Realität immer mit Heroen zu tun haben, die wissen, wann sie auf eine postheroische Intelligenz umstellen müssen, um einen neuen Ansatz zu finden, wenn der alte sich nicht bewährt. Und man wird es immer mit einer postheroischen Führung zu tun haben, die ab und an Helden auszeichnet, wenn es darauf ankommt, an jene heroischen Affekte zu appellieren, die man zuweilen braucht, um eine unmögliche Entscheidung zu treffen.

Die schwierigste Aufgabe von allen besteht daher vermutlich darin, sich der Einheit der Differenz von heroischer und postheroischer Führung bewusst zu sein und auch für diese Einheit eine Formulierung zu finden. Mit einem sehr alten Begriff könnten wir von einer „klugen" Führung sprechen, wenn unter einer politischen Klugheitslehre, wie sie die alten Chinesen ebenso vertraten wie die europäische frühe Neuzeit (Jullien 1999; Machiavelli 1978; Gracián 1978; vgl. Baecker 1995, 2008), eine Lehre verstanden werden darf, die mit Komplexität rechnet, um nicht unbedingt einfache, aber doch unscheinbar wirkungsvolle Entscheidungen zu treffen. Politisch klug ist, wer Unterscheidungen nicht nur anbieten, sondern sie auch verschwinden lassen kann, um dort, wo andere in ihr Verderben rennen, ein neues Spiel eröffnen zu können.

Dysfunktionale Heroismen 2

Konzepte einer postheroischen Führung wurden wiederentdeckt, als bestimmte Annahmen der Moderne, die darauf hinausliefen, Organisationen als die rationale Form der Umsetzung von Zielen und Aufträgen in dazu passende Mittel und Wege zu verstehen, fragwürdig wurden. Die Moderne hatte dazu geneigt, heroische Führungskonzepte zu pflegen, weil mit ihrer Hilfe die Spitze von Hierarchien ausgezeichnet und so nach außen sichtbar und nach innen auf Distanz gebracht werden konnte. Das ermöglichte es, nach außen Einheit und Kontrolle zu signalisieren und nach innen jene mal lose, mal feste Kopplung von Hierarchie und Prozess einzurichten, unter der das tägliche Arbeiten nur möglich ist (Chandler 1977; Parsons 1960; Luhmann 1977). Mit dem Auslaufen moderner Hoffnungen auf Vernunft und mit der Entdeckung, dass Organisationen in enger Abstimmung mit ihrer sozialen Umwelt weniger an ihren Zielen und Aufträgen als vielmehr an der Maximierung der Ressourcen, auf die sie Zugriff haben, interessiert sind (Meyer und Rowan 1977; Perrow 1978), werden Heroismen jedoch zunehmend dysfunktional. Sie attrahieren zu viel Aufmerksamkeit für insgesamt zu verdächtige Sachverhalte und Prozesse. Die Helden werfen ein schlechtes Licht auf die Wirklichkeit, die von ihnen abweicht. Konnte man sich dies einst leisten, weil die Wirklichkeit hochgradig konventionalisiert war und sich in ihrer Alltäglichkeit weder ändern musste noch ändern konnte, so kippt die einst beruhigende Alltäglichkeit der Wirklichkeit um in ihre Fragwürdigkeit, sobald sie sich laufend ändern kann und ändern muss. Postheroische Führung wird erforderlich, wenn die Varianz der Arbeitsprozesse steigt und sowohl die lose als auch die feste Kopplung zwischen Hierarchie und Prozess gesteigert werden müssen.

© Springer Fachmedien Wiesbaden 2015
D. Baecker, *Postheroische Führung,* essentials,
DOI 10.1007/978-3-658-08431-8_2

Nicht zufällig führt Charles Handy das Konzept der postheroischen Führung in einem Buch mit dem Titel *The Age of Unreason* ein: Wenn gefordert werden muss, dass sich der postheroische Führer bei jeder seiner Handlungen und Entscheidungen fragt, „how every problem can be solved in a way that develops other people's capacity to handle it" (Handy 1990, S. 166), dann geht es nicht mehr nur um klassische Fragen der Ausbildung und des Trainings der Kompetenzen der Mitarbeiter, sondern darüber hinaus darum, die Fähigkeit zur Lösung von Problemen nicht mehr an der Spitze einer Organisation zu monopolisieren, sondern sie an die Organisation zu delegieren und in ihr zu diffundieren. Wohlgemerkt, es sollen nicht nur gefundene und definierte Problemlösungen von der Organisation effizient und routiniert exekutiert werden, so dass jeder Arbeiter, jeder Lehrer, jeder Beamte, jeder Krankenhausarzt, jeder Hochschullehrer, jeder Priester und jeder Offizier weiß, was er zu tun hat. Sondern es soll die Fähigkeit zur Problemlösung verteilt und verallgemeinert werden. Und dies schließt, wie man vielleicht zu spät gemerkt hat, die Fähigkeit zur Identifikation eines Problems als Problem, das heißt die Fähigkeit zur Problemstellung und daher auch zur Problemverschiebung, mit ein. Allgemeine Appelle an die zwangsläufig einheitliche Vernunft der Dinge, ihren Sachzwang, können diese Diffusion der Fähigkeit zur Problemlösung wie Problemstellung nur behindern. Hier kommt man nur weiter mit der Anerkennung einer Differenz der aus unterschiedlichen Perspektiven beteiligten Rationalitäten.

Man hat das oft genug beschrieben (Burns und Stalker 1961; Weick 1985; Baecker 1994): Wenn Organisationen keine Maschinen mehr sind, deren Abläufe man wie von außen definieren und kontrollieren kann und deren wirtschaftliche Effizienz und technische Effektivität darauf beruht, dass ihre Routinen laufend optimiert werden können, sondern zu sozialen Systemen werden, in die Management und Führung als Orientierungspunkte für Interpretation und Reinterpretation eingeschlossen sind und für die daher Routinen der Veränderung von Routinen entwickelt werden müssen, dann muss die Führung postheroisch werden und dann können und dürfen Heroismen nur noch fallweise vorkommen, als Opium fürs Volk.

Die Organisationstheorie, die sich von der Betriebswirtschaftslehre durch ihre Rationalitätsskepsis unterscheidet, konzipiert Organisationen daher nicht mehr als zieldefinierte, sondern als zielsuchende Systeme (Simon 1997; March und Simon 1993; March 1988; Luhmann 1995, 2000). Und das klassische Bild der Organisation, demgemäß in einem sorgsam nach außen abgeschotteten Bereich, im Klassenzimmer, im Büro, in der Werkstatt, im Krankenzimmer, in der Feldübung, im Beichtstuhl, die Arbeit gemacht wird, während sich die Spitze um die Definition und Kontrolle der Aufgaben und eine mittlere Managementebene um die Koordination der arbeitsteilig aufgestellten Organisation kümmern (Parsons 1960; Thompson 1967), weicht einem postklassischen Bild, demgemäß die Organisation

auf der Ebene ihrer Arbeitsprozesse (also „unten") in Wertschöpfungsketten ver-
knüpft ist, die über die Grenzen der Organisation hinaus flussaufwärts und fluss-
abwärts zu Lieferanten und Abnehmern reichen, während sich die Spitze darum
kümmert, jene *corporate identities* herzustellen, die es den eigenen Mitarbeitern,
dem Kapitalmarkt, den Aufsichtsorganen und der kritischen Öffentlichkeit ermöglichen, eine Einheit der Organisation zu unterstellen und zu erkennen, und die
mittleren Managementebenen damit beschäftigt sind, *corporate cultures* zu pflegen, die jene Werte bereitstellen, die für die technische, ökonomische, soziale und
emotionale Koordination zunehmend diverser Prozesse nach wie vor erforderlich
sind (Nohria und Eccles 1992; Grabher 1993; DiMaggio 2001). Die postheroische
Führung korrespondiert mit einer postklassischen Organisation, wenn unter dieser
postklassischen Organisation nicht zuletzt eine Organisation verstanden wird, die
dort ihre Unentscheidbarkeiten hegt und pflegt (Smith und Plotnitsky 1995), wo
die klassische Organisation nur Entscheidungen kannte: bei der Trennung hier-
archischer Ebenen, bei der Ziehung von Abteilungsgrenzen, bei der Einrichtung
der Arbeitsteilung, bei der Zuweisung von Kompetenzen und nicht zuletzt bei der
Kontrolle von Erfolg und Misserfolg. Postheroische Führung besteht darin, ihrer
Organisation bei der Suche nach jenen Zielen zu helfen, die nicht vorab definiert
sind, sondern gesetzt, getestet und verantwortet werden müssen.

3

Postheroisches Management ist die Wiedereinführung der Differenz von Organisation und Wirtschaft in die Organisation (Baecker 1994). Postheroische Führung ist die Wiedereinführung der Differenz von Organisation und Gesellschaft in die Organisation (Baecker 2009). Beide beruhen darauf, dass das Unternehmen im Besonderen wie die Organisation im Allgemeinen spätestens im 20. Jahrhundert damit begonnen haben, die Mechanismen der Absorption von Ungewissheit, die es ihnen bis dato erlaubt hatten, Entscheidungen effizient und effektiv zu technisieren, zu ökonomisieren und zu routinisieren, in die Organisation wieder einzuführen und dort ihrerseits zum Gegenstand der Entscheidung zu machen (Baecker 1993, 1999, 2003). Postheroisches Management wie Führung laufen daher letztlich darauf hinaus, der Organisation die Selbstreferenz ihrer Gestaltung, Lenkung und Kontrolle wieder zugänglich zu machen, die ihr im Zuge der Durchsetzung eher disziplinärer Konzepte ihrer Etablierung und Institutionalisierung zumindest thematisch verweigert worden waren (Foucault 1969, 1979; Goffman 1962), auch wenn ihre jeweilige Praxis ohne Selbstreferenz nicht zu denken ist.

Die Verfügung über Mechanismen der Absorption von Ungewissheit, so hatten James G. March und Herbert A. Simon entdeckt (March und Simon 1993), sind die Voraussetzung dafür, dass Entscheidungsprozesse eingerichtet werden können, in denen jede einzelne Entscheidung sich auf vorherige Entscheidungen verlässt und nicht jeweils von Neuem beginnt, Zielsetzung, Ressourcenzugriff, Arbeitsteilung und Kundenangebot zu überprüfen. Stattdessen wirkt jede Entscheidung als Prämisse der ihr folgenden Entscheidung und können darüber hinaus generalisierte Prämissen wie Programme, Kommunikationswege und Personalkompetenzen eingerichtet werden, die der einzelnen Entscheidung einen erheblichen Teil ihrer

© Springer Fachmedien Wiesbaden 2015
D. Baecker, *Postheroische Führung*, essentials,
DOI 10.1007/978-3-658-08431-8_3

Ungewissheit abnehmen und es ihr damit erlauben, sich auf den verbleibenden und nach Möglichkeit überschaubaren Teil zu konzentrieren (Simon 1997; Luhmann 2000). Diese Prämissen treten an die Stelle der reflexiv nach Belieben unklaren Selbstreferenz der Organisation, geben ihr eine Geschichte, eine Zukunft und ein Gedächtnis und ermöglichen es ihr so, ihren fallweise auftretenden Entscheidungsbedarf abzuarbeiten.

Das postheroische Management – und ernsthaft gibt es kein anderes – adressiert diese Mechanismen der Absorption von Ungewissheit für den Fall der Unterscheidung von Organisation und Wirtschaft, die postheroische Führung – und auch hier gibt es ernsthaft keine andere – für den Fall der Unterscheidung von Organisation und Gesellschaft. Das Modell für diese Denkfigur liefert Erich Gutenberg, der in seiner Habilitationsschrift zur Begründung der Betriebswirtschaftslehre gezeigt hat, dass Management nur möglich ist, wenn es die Komplexität der Organisation einklammert (man denke an Husserls *epoché*) und statt der komplexen Organisation, die als perfekt und zugleich plastisch gestaltbar vorausgesetzt wird, den „Betrieb" technischen Anforderungen an Effektivität und wirtschaftlichen Anforderungen an Effizienz unterwirft (Gutenberg 1929). Gutenberg wurde zum Begründer der Betriebs*wirtschafts*lehre, aber er hätte, wenn man der Idee seines Ansatzes folgt, auch zum Begründer einer Betriebs*technik*lehre werden können. Erstere hat sich an den Universitäten weltweit unter verschiedenen Namen etablieren können, Letztere gibt es nicht als einheitliches Fach, sondern nur in der Summe höchst unterschiedlicher ingenieurwissenschaftlicher Ansätze, wie sie in Deutschland auch durch die Fraunhofer Institute vertreten werden.

Gutenbergs Idee jedenfalls bestand darin, die Komplexität der Organisation, von der man zu seiner Zeit dank zahlreicher technologischer, soziologischer, psychologischer, biologischer und philosophischer Ansätze durchaus wusste, nicht etwa zu negieren, sondern sie im Wissen um ihre Existenz zu neutralisieren (Gutenberg 1929, S. 26), das heißt als ebenso gegeben wie willig gestaltbar vorauszusetzen, um im Anschluss an diese Neutralisierung mit aller Strenge nur noch Kosten/Nutzen-Fragen (beziehungsweise Zweck/Mittel-Fragen) zu stellen und den Betrieb aus dieser Bewirtschaftung (beziehungsweise Technisierung) der Organisation zu gewinnen.

Die Pointe aus dieser Operation verschweigt uns Gutenberg. Sie begleitete den Aufbau und den Siegeszug der Betriebswirtschaftslehre allenfalls unter dem Namen „Praxisschock". Diese Pointe besteht darin, dass die neutralisierte Komplexität nicht etwa stillhält, während der Betriebswirt seine Kosten/Nutzen-Kalküle und der Betriebstechniker seine Zweck/Mittel-Überlegungen anstellen, sondern unruhig wird, sich zu Wort meldet und ihrerseits gewürdigt und gepflegt werden will. Diese Komplexität ist materieller, technischer, sozialer, intellektueller, emotionaler und ökologischer Art. Sie kann nicht als Quelle eigener Probleme ausgeschaltet werden, wie Gutenberg sich das vorstellte, ganz zu schweigen davon, dass sie in keinem Moment perfekt funktioniert.

Postheroisches Management besteht seither darin, von der Komplexität der Managementaufgaben auszugehen. Und es profitiert davon, dass dieses Management die Organisation eben nicht wie von außen kommend in einen Betrieb verwandeln kann, um ihn dann dem ökonomischen Kalkül zu unterwerfen, sondern dass dieses Management selbstverständlich *in* der Organisation arbeitet und wirkt und daher selbst ein Teil der Komplexität dieser Organisation ist. Es leistet willentlich wie unwillentlich, als Beobachter und als Beobachtetes, wesentliche Beiträge zum Aufbau und zur Pflege jener Komplexität der Organisation, die anschließend neutralisiert wird, um sie den ökonomischen und technischen Rationalitäten zu unterwerfen. Es verfolgt Eigeninteressen, Karrieren und Leidenschaften, es blockiert Initiativen, sabotiert Strategien und unterläuft Taktiken ganz genau so, wie es der Rest der Organisation auch tut oder spätestens dann tut, wenn dieser Rest vom Management lernt, wie das geht.

Der Ansatz, den wir hier verfolgen, besteht daher darin, diese Komplexität nicht mehr auszuklammern, sondern in das Zentrum der Managementlehre zu stellen, ohne allerdings den Unterschied, den Gutenberg so präzise gesetzt hat, dabei aus den Augen zu verlieren. Wir konzipieren das Management komplex, indem wir es als ein Paar zweier komplexer Variablen beziehungsweise, in der Notation von George Spencer-Brown (2008), als die Form einer Unterscheidung formulieren:

$$\text{Management} = \overline{\underline{\text{Organisation}}\,\big|\,\text{Wirtschaft}} \qquad\qquad \text{(PM)}$$

Die hier gewählte Notation hat viele Vorteile, auf die wir hier nicht eingehen können (Baecker 2002, 2005a). Die für uns wichtigsten sind, dass sie es erlaubt, a) Unterscheidungen zu notieren, deren jede einzelne von einem als (organisches, psychisches, soziales oder künstliches) System ausdifferenzierten Beobachter realiter getroffen werden muss, um eine Rolle spielen zu können, b) diese Unterscheidungen als Formen von Zusammenhängen zu notieren, da jede Form die Innenseite einer Unterscheidung, ihre Außenseite, die Trennung dieser beiden Seiten und den von der Unterscheidung hervorgebrachten Raum der Unterscheidung umgreift, und c) auf den Seiten dieser Unterscheidung ihrerseits komplexe Variable zu notieren, die gleichsam nur auf ihre weitere Auflösung in der Form weiterer Unterscheidungen warten.

Jede Form besteht damit aus mindestens einem Paar komplexer Variablen, die um weitere Variable ergänzt werden können, wenn man hinreichende empirische Anhaltspunkte dafür hat, dass es Beobachter gibt, die so beobachten. In unserem Fall genügt ein einziges Paar. Aus der Mathematik weiß man im Übrigen, dass ein solches Paar komplexer Variablen für eine imaginäre, das heißt zwischen positiven und negativen Zahlen oszillierende (oder auch: zur Achse reeller Zahlen orthogonal stehende), Zahl steht (Stillwell 2002, S. 383 f.).

Gleichung *PM* bringt zum Ausdruck, dass (postheroisches) Management darin besteht, den Unterschied zwischen Organisation und Wirtschaft zu treffen und in den Raum der Unterscheidung wieder einzuführen. Praktisch bedeutet dies, dass ein guter Manager beide Seiten der Unterscheidung stärkt, sowohl die Komplexität der Organisation als auch die Komplexität der Wirtschaft bedient, um dann ebenso selektiv wie konstruktiv (das heißt systemtheoretisch: durch Reduktion von Komplexität; und mathematisch: durch Entscheidung des Unentscheidbaren) Organisation und Wirtschaft aufeinander zu beziehen und Entscheidungen zu treffen, die Programme, Abteilungen und Kontrollen, Produkte, Märkte und Preise betreffen (Eccles und White 1986). Jede umgangssprachliche Rede von „Wirtschaft", die so tut, als könnten Unternehmen und Märkte irgendwie gleichgesetzt werden, führt in die Irre. Tatsächlich stehen Organisation und Wirtschaft im Fall des Unternehmens wie erst recht jeder anderen Organisation orthogonal, das heißt inkommensurabel und aufeinander unreduzierbar zueinander. Der Manager bedient beide Seiten der Unterscheidung und er tut dies in ihrem Zusammenhang. Daraus beziehen seine Entscheidungen ihre imaginative Qualität (Shackle 1979): Er muss jeweils erfinden, was sich unter Umständen bewährt; und er muss, soll sich die Erfindung bewähren, die verteilte Intelligenz sowohl der Organisation als auch der Märkte nutzen, um sie vorab, im Vollzug und im Anschluss zu testen.

Das müssen wir hier nicht vertiefen, weil es bekannt ist. Allenfalls kann man unterstreichen, dass dem Aspekt des immer mitlaufenden Testens und den davon abhängigen Reversibilitätsgewinnen trotz irreversibler Entscheidungen bislang zu wenig Aufmerksamkeit gezollt wurde. Immerhin können aus der Notwendigkeit, Möglichkeiten des Testens sowohl vorzuhalten als auch nach Bedarf fokussieren zu können, weit reichende Schlussfolgerungen für den Aufbau und den Ablauf einer Organisation, verstanden als Engführung und Unterbrechung positiver und negativer Rückkopplungen, getroffen werden (Beer 1981; Malik 1996).

Wichtiger jedoch ist uns hier die Übersetzung der Gutenberg'schen Gedankenfigur in Fragen einer postheroischen Führung. Wenn Führung nicht gleich Management ist, im Deutschen ebenso wenig wie im Englischen und in anderen Sprachen, dann können es nicht dieselben komplexen Variablen sein, die die Führung definieren. In der Literatur findet man allenfalls Andeutungen. Nimmt man jedoch die Anregung von Edgar Henry Schein ernst, Führung und Organisationskultur zusammenzudenken (Schein 1985; vgl. Baecker 1999, S. 102 ff., 113 ff.), und liest man sein Verständnis von Kultur als Medium der Kopplung der Organisation mit ihren durch Diversität gekennzeichneten gesellschaftlichen Umfeldern, lässt sich vielleicht die Vermutung begründen, dass die Führung einer Organisation es nicht primär mit wirtschaftlichen, sondern primär mit gesellschaftlichen Fragen zu tun hat, an denen die wirtschaftlichen zwar Teil haben, jedoch nur einen Aspekt unter anderen ausmachen. Das hieße, dass wir es mit folgender Gleichung zu tun bekommen:

Wir würden demnach wieder davon ausgehen, dass auch die Führung ausklammert, nämlich die Komplexität der Organisation, wenn sie „Gesellschaft", und die Komplexität der Gesellschaft, wenn sie „Organisation" beobachtet, dieses Ausklammern jedoch nur betreibt, um es gleich anschließend selektiv und konstruktiv wieder aufzuheben.

(Postheroische) Führung unterscheidet die Organisation von der Gesellschaft, um Letztere in Ersterer selektiv und konstruktiv zum Tragen zu bringen (Baecker 2005b). „Gesellschaft" heißt hierbei im Sinne der soziologischen Theorie Reflexion auf die Fortsetzungsbedingungen von Kommunikation unter globalen Bedingungen, das heißt unter den Bedingungen laufender Variation politischer, wirtschaftlicher, rechtlicher, wissenschaftlicher, religiöser, pädagogischer Bedingungen und technischer, ökologischer und psychologischer Risiken und Gefahren (Luhmann 1997; Baecker 2007). „Gesellschaft" heißt, dass man nicht weiß, wie es weitergeht, und dennoch und gerade deshalb darauf Rücksicht nehmen muss, wie es weitergeht. „Gesellschaft" ist ein Begriff für die Erwartbarkeit von Überraschungen unter den Bedingungen der turbulenten Gestaltung der Lebensbedingungen der Menschen durch das Zusammenleben der Menschen. Jede Organisation ist dazu ein Beitrag. Und jede Organisation muss darauf Rücksicht nehmen, so sehr sie ihre eigenen Überlebensbedingungen nur sichern kann, wenn sie gegenüber dieser Gesellschaft durch die Einrichtung von Inseln der Erwartbarkeit von Arbeit und Hierarchie, Produkten und Programmen, Kompetenzen und Karrieren, Zeithorizonten und Fristen einen Unterschied macht.

Gleichung *PF* formuliert die Trope, aus der die Rhetorik der Führung gewonnen werden kann, wenn man Jurij M. Lotmans Idee folgt, dass jede Kommunikation

solche Tropen voraussetzt und jede Trope aus einem Paar miteinander unverein-
barer, aber dennoch aufeinander bezogener, wechselseitige Übersetzungen herausfordernder bedeutungstragender Elemente besteht (Lotman 2010, S. 53 ff.). Ein
solches Paar ist die kleinste denkbare semiotische Einheit (ebd.: 10). Sie formuliert
eine Spannung, aus der alles Weitere gewonnen und auf die alles Weitere bezogen
werden kann. Im Anschluss daran kann man fragen, wo und wie die Führung die
Differenz von Organisation und Gesellschaft in der Organisation etabliert, pflegt
und fruchtbar werden lässt.

Erstaunlich robuste Gruppengrößen 4

Jeder gesellschaftliche Sachverhalt, auf den sich eine Organisation beziehen mag, kann zum Komplement einer solchen Trope werden, deren andere Paarhälfte immer die Organisation selber ist. Ausgehend davon kann man fragen, in welchen Tropen sich die Führung einer Organisation bewegt, das heißt, wie es ihr gelingt, politische und wirtschaftliche, rechtliche und religiöse, technische und massenmediale Problemstellungen der Gesellschaft in der Organisation sinnstiftend zum Tragen zu bringen, aufeinander zu beziehen, gegeneinander abzuwägen und hinreichend auf Distanz zu halten. Niklas Luhmann hat dies am Beispiel des Erziehungssystems und seiner Umwelten einmal durchgespielt (Luhmann 1996). Hier werden die Außenbeziehungen eines Systems zwar nicht durch Tropen, sondern durch Paradoxien rekonstruiert und über wechselnde Auflösungen der Paradoxie intern verfügbar gemacht, doch die analytische Problemstellung ist dieselbe.

Angefangen bei der Gesellschaft selber, Einheit einer Vielfalt, Vielfalt einer Einheit, würde man jeden gesellschaftlichen Bezug, den die Führung einer Organisation aufgreift und intern adressierbar macht, als eine Trope beschreiben, die eine Inkommensurabilität darstellt, die die Organisation zwingt, von Eins-zu-eins-Übersetzungen gesellschaftlicher Anforderungen in organisationale Antworten Abstand zu nehmen und statt dessen eigene Interpretationen und Strategien auszuprobieren, die dank ihrer unreduzierbaren Problematik immer im Kontext von Alternativen und dank ihres Risikos immer im Wettbewerb mit diesen Alternativen innerhalb und außerhalb der Organisation stehen. Man wird daher mit populationsökologischen Redundanzen der Absicherung der Führung einer Organisation an Usancen der Führung anderer Organisationen rechnen dürfen (Hannan und Freeman 1977),

© Springer Fachmedien Wiesbaden 2015
D. Baecker, *Postheroische Führung,* essentials,
DOI 10.1007/978-3-658-08431-8_4

ohne doch jede einzelne Führung aus der Pflicht entlassen zu können, eine eigene und organisationsspezifische Lösung für das Problem zu finden. Die schlichte Imitation der Lösungswege anderer Organisation würde die eigene Organisation aus der Trope entlassen. Die Führung würde keinen Rückhalt mehr in der eigenen Organisation suchen und damit darauf verzichten, Führung zu sein. Sie wäre nichts anderes als ein mehr oder minder technisches Signal an die Organisation, welche Restriktionen im Umgang mit gesellschaftlichen Bezügen zu beachten sind, und würde die Organisation zwingen, unterhalb dieser an ihrer Aufgabe versagenden Führungsstruktur eine zweite Führung zu suchen und zu installieren, die den beiden Seiten der Trope gerecht wird.

Nicht zuletzt könnte man an dieser Stelle auf die Governance-Diskussion Bezug nehmen (Mayntz 2005; Willke 2007), die man als einen Versuch rekonstruieren kann, die Komplexität der Gesellschaft so zu fraktionieren, dass sie in einem Mehr-Ebenen-System der wechselseitigen und indirekten Kontrolle von Organisationen (Power 1997) handhabbar gemacht werden kann. Interessant wäre daran der Versuch, die fraktale, selbstähnliche Struktur der Tropen zu überprüfen, die durch eine solche Fraktionierung nicht etwa zum Verschwinden gebracht, sondern vielfältig entfaltet und praktisch handhabbar gemacht wird. Die Problemperspektive der Governance verarbeitet die Differenz von Organisation und Gesellschaft in ein heterarchisches Netzwerk von Steuerungsebenen, die von der Fertigung über Wertschöpfungsketten mit Lieferanten und Kunden und betriebliche Hierarchien bis zu Vorständen, Aufsichtsräten, Kapitaleignern, Aufsichtsorganen und Regulierungsbehörden reichen. Jede einzelne Steuerungsebene arbeitet nicht nur mit der Trope von Organisation und Wirtschaft, sondern auch mit der Trope von Organisation und Gesellschaft. Karl E. Weicks Ideen zum *sensemaking* innerhalb der Prozesse des Organisierens finden hier ihre strukturelle Verankerung (Weick 1995, 2000).

Um die Relevanz unseres Ansatzes zu testen, greifen wir hier jedoch eine andere Überlegung auf, die jüngeren Datums ist und die von der Erkenntnis ausgeht, dass sich menschliche Gesellschaften durch Prozesse der Gruppenbildung auszeichnen, die sich nicht nur an der Größe des Neocortex des Menschen zu orientieren scheinen, sondern darüber hinaus einen interessanten skalaren Faktor aufweisen, demgemäß die Größe der jeweils kleinsten Gruppe, die sich in verschiedenen historischen Gesellschaften und verschiedenen gesellschaftlichen Tätigkeitsbereichen auffinden lässt, zwar variiert, der Multiplikationsfaktor jedoch, der die Anzahl der Mitglieder der nächstgrößeren Gruppe jeweils angibt, konstant ist. Dieser Faktor liegt bei knapp unter 3, so dass sich in Stammesgesellschaften, städtischen Nachbarschaften, Armeeeinheiten, Team- und Abteilungsgrößen in Behörden, Firmen und anderen Organisationen etwa folgende Gruppengrößen ergeben (Zhou et al. 2005): 3–5 Individuen in einer *support clique,* die sich bei schweren emotionalen und finanziellen Belastungen hilft, 12–20 Individuen in einer *sympathy group*, mit denen man spezielle Bindungen unterhält und die man mindestens einmal im Monat trifft, 30–50 Individuen in einer *band*, mit denen man etwa ein Nachtlager aufschlagen würde (gegeben die Gelegenheit), 150 Individuen in *clans* oder *regional groups*, aus denen die *bands* jeweils ausgewählt werden können, 500 Individuen in einer *megaband* und schließlich 1000 bis 2000 Individuen in einem *tribe*, einer linguistischen Einheit. Ausgegangen war Robin Dunbar seinerzeit von der Beobachtung, dass es bei maximal 149 Individuen möglich ist, dass jedes einzelne Individuum zu jedem anderen persönlich spezifizierte Beziehungen unterhält (Dunbar 1992, 2004).

Bestätigt wird diese Beobachtung von einer anthropologischen Forschung, die die Mechanismen untersucht, mit deren Hilfe bei verschiedenen Gruppengrößen Redundanzen in den Strukturen der Gruppe aufrechterhalten werden können. Ein wichtige Rolle spielen dabei etwa Stars, die Redundanzen unter ihren Fans ermöglichen (Colson 1978), oder Restriktionen von Freiheitsgraden möglichen Verhaltens, die begrüßt werden, weil sie Integration ermöglichen (Anderson 1960).

Bezieht man diese Forschung einerseits auf die klassischen Überlegungen zu einer funktionsfähigen Kontrollspanne von Führung (Simon 1946) und andererseits auf jüngere Überlegungen dazu, dass Führung ihrerseits besser durch Teams als durch Einzelpersonen ausgeübt wird (Manz und Sims 1993; Wimmer 1996, 2009; Rockenbach et al. 2007; Wimmer und Schumacher 2009), und dies nicht zuletzt, um auf diese Art und Weise besser in die Komplexität und Kontingenz der Organisation verwoben werden zu können (Neuberger 2002; Simon 2004; Krusche 2008; Seliger 2008), stellt sich die Frage, ob (postheroische) Führung nicht vor allem darin besteht, am konstanten Multiplikationsfaktor von Gruppengrößen anzusetzen, um sicherzustellen, dass in jeder einzelnen Gruppe eine jeweils andere Facette derselben Trope von Organisation und Gesellschaft adressiert wird.

Führung besteht danach darin, arbeitsfähige Einheiten von 3–5 Leuten, Aufgaben definierende Einheiten von 12–20 Leuten, Vertrauensgemeinschaften von 30–50 Leuten, Unternehmensgrößen (in denen jeder jeden kennt) von etwa 150 Leuten, Netzwerkgrößen von 500 Leuten und Milieugrößen von 1000–2000 Leuten zu definieren, die jeweiligen Einheiten voneinander zu unterscheiden und sicherzustellen, dass innerhalb jeder Einheit eine Führung stattfindet, die um die Existenz und die Rolle aller anderen Einheiten weiß. Wir reden hier von „Arbeit", „Aufgabe", „Vertrauen", „Unternehmen", „Netzwerk" und „Milieu" nur zu illustrierenden Zwecken. Es ist auffällig, dass es zwar Vokabeln gibt, die die gemeinten Sachverhalte einigermaßen treffen, aber keine eingeführte Nomenklatur. Entscheidend sind die Proportionen. Und entscheidend ist, dass wir es hier mit einer strikt gesellschaftlichen Vorgabe, orientiert an Strukturen menschlicher Gesellschaften, zu tun haben, die weder wirtschaftlichen Effizienz- noch technischen Effektivitätsvorgaben entspringen, sondern ihrerseits deren Randbedingungen definieren.

Es sei nur am Rande bemerkt, dass wir Dunbars These der mit der Größe des Neocortex des Menschen definierten Verhältniszahl von Gruppengrößen nicht folgen, um damit einer neurophysiologischen Determination sozialer Strukturen das Wort zu reden. Stattdessen gehen wir mit Darwin und einer Reihe jüngerer Forschungsansätze davon aus, dass Neocortex, Bewusstsein und Gesellschaft des Menschen Produkte einer Koevolution sind, in der weder die kognitive noch die psychische noch die soziale Ebene die Führung haben, sondern wechselseitige Spielräume der Überforderung jeweils Anpassungsversuche stimulieren. So scheint die Größe des Neocortex nicht zuletzt damit korreliert zu sein, dass der Mensch sowohl mit der Komplexität sozialer Beziehungen (in denen jedes Individuum, mit dem es ein Ego zu tun hat, zugleich Adressat von mehr oder minder bekannten Dritten ist) als auch mit der Sprache und ihren Möglichkeiten der Täuschung zurechtkommen muss. Vermutlich sind hier weitere Paarbildungen komplexer Variablen (Tropen) zu konstruieren, um diesen Verhältnissen auf die Spur zu kommen.

In der zitierten Forschung ist es unklar, wie die fraktale Konstanz des Multiplikationsfaktors von knapp unter 3 erklärt werden kann (Zhou et al. 2005, S. 443). Im Anschluss an Georg Simmels Überlegungen zur quantitativen Bestimmtheit der Gruppe und der besonderen Rolle, die der Dritte in diesen Überlegungen spielt (Simmel 1992, S. 63 ff., insbes. S. 114 ff.,124 ff.), kann man jedoch vermuten, dass dieser Multiplikationsfaktor von knapp unter 3 beide ihrerseits komplexen Möglichkeiten der Intimität und der Gesellschaft auf eine komplexe, aufeinander verweisende und voneinander unterschiedene Art und Weise präsent hält und auf jeder neuen Ebene einer Gruppenbildung wiederholt. Der Dritte als Individuum wie auf den höheren Ebenen der Gruppenbildung als gleichsam mitlaufende Alternative zur jeweiligen Form der Vergemeinschaftung hält die Möglichkeit der Gesellschaft aufrecht. Ihn auszuschließen heißt jedoch, sich auf eine Intimität einzulassen, die man auch nicht lange aushält.

Der Dritte verunsichert, weil er veruneindeutigt. Er vergemeinschaftet, wenn er sich vereinnahmen lässt, ruft jedoch im selben Moment einen neuen Dritten auf den Plan, der zu der gerade gefundenen Gemeinschaft mit Verweis auf Gesellschaft Alternativen präsentiert. Gleichzeitig ist der Dritte immer auch Ansatzpunkt für stabile Hierarchiebildungen, weil zwei Ebenen analog zum Herr/Knecht-Schema nicht stabil gehalten werden können, sondern je nach situativen Bedingungen „revolutionär" umgedreht werden können. Eine dritte Ebene jedoch hält die obere Ebene oben, weil ihre Leute dorthin wollen, und die untere unten, weil ihre Leute deren Konkurrenz fürchten.

(Postheroische) Führung heißt demnach, auf einen kürzesten Nenner gebracht, Gruppen (inklusive der Gruppen von Führungskräften) so zu konstituieren, dass sie durch die Präsenz eines Dritten fruchtbar beunruhigt werden können. Im Verweis auf den verunsichernden Dritten beziehungsweise die verunsichernde Alternative liegt dann auch das, was man zu Recht als die Macht der Führung beschrieben hat (Crozier und Friedberg 1993). Denn Macht resultiert daraus, in einer Organisation und für diese Organisation in einem Raum der Ungewissheit und damit Unentscheidbarkeit jene Chancen zur daher unabdingbaren Willkür bereitzustellen, die mit Verweis auf das, was wir hier „Gesellschaft" genannt haben – die Einheit der Vielfalt anderer Möglichkeiten – gerechtfertigt werden können (Baecker 2009).

Führung als Strategie der Selbstkontrolle 5

Wir haben den Begriff der postheroischen Führung und die durch diesen Begriff rekonstruierbare Führungsforschung mit den vorstehenden Überlegungen in die Nachbarschaft einer Theorie komplexer Systeme gerückt. Komplexität wird hier nach wie vor als paradoxe Einheit einer Vielfalt verstanden (Luhmann 1990; Baecker 1999, S. 169 ff.), doch werden zusätzlich mathematische und semiotische Möglichkeiten genutzt, diese Komplexität auf ihre Verankerung in Paaren komplexer Variablen beziehungsweise in Tropen hin durchsichtig zu machen. Wir kommen damit Überlegungen zur Beherrschung von Komplexität nicht entgegen, sondern gehen weiterhin davon aus, dass Strategien des Umgangs mit Komplexität nur als Strategien der Selbstkontrolle verstanden und entworfen werden können (Ashby 1958; von Foerster 1993).

Aber diese Strategien der Selbstkontrolle, der Führung durch Vorbild, wie man umgangssprachlich vielleicht sagen kann, können erheblich besser als gegenwärtig üblich dadurch informiert und unterfüttert werden, dass man sie daraufhin überprüft, mit welchem Verständnis welcher Tropen sie arbeiten, um im Anschluss daran genau dieses Verständnis sachlich zu differenzieren und mit Zeit- und Sozialhorizonten seiner Entfaltung auszustatten. Eine ihrerseits entsprechend informierte Beratung wird dabei eine Rolle spielen müssen, weil spätestens dann, wenn der Kanon des Führungswissens um gesellschaftliche Fragen des genannten Typs erweitert wird, die Kompetenzen des Personals nahezu jeder Organisation überfordert sind und man Berater braucht, die es der Organisation und ihrer Führung ermöglichen, an ihrer ihnen unverfügbaren, weil in ihre Arbeitsprozesse vielfach integrierten, eher an ihren Prozessen als an ihren Resultaten erkennbaren Intelli-

© Springer Fachmedien Wiesbaden 2015
D. Baecker, *Postheroische Führung*, essentials,
DOI 10.1007/978-3-658-08431-8_5

genz zu arbeiten (Wimmer 2010). Für die Diagnose von Prozessen jedoch braucht man Fachleute, die es gewohnt sind, sich dort mithilfe von Verlangsamungen und Beschleunigungen Prozesse anzuschauen, wo alle Beteiligten nur entweder zufrieden oder nicht zufriedenstellende Ergebnisse sehen.

Die hier vorgestellten Überlegungen legen einen nicht unerheblichen Forschungsbedarf offen, der Organisationen aller Art auf die von ihnen verwendeten Tropen und auf die in ihnen vorherrschenden Gruppengrößenverhältnisse hin untersucht und nach betriebswirtschaftlicher Art nach Erfolg und Misserfolg sortiert. Diese Forschung wird interdisziplinär vorgehen müssen, weil die aufgeworfenen Problemstellungen nur durch eine Kombination soziologischer, psychologischer, ökonomischer und anthropologischer Theorien und Methoden bearbeitet werden können. Und sie wird sich an Supertheorien wie der Systemtheorie, der Semiotik und der Mathematik orientieren müssen, um mit Konzepten arbeiten zu können, die der Komplexität der Sach-, Zeit- und Sozialverhalte gewachsen sind.

Die Stichwörter der postheroischen Führung wie des postheroischen Managements werden im Anschluss an die Anregung von Charles Handy zu Synonymen einer Kunst der Problemdefinition, die nur fallweise an Lösungen interessiert ist, ein viel größeres Interesse jedoch daran hat, Probleme als Katalysatoren der immer neuen Herausforderung kreativer Lösungen nicht nur zu begreifen, sondern auch zu konstruieren. Postheroische Führung und Management werden mit Blick auf Gesellschaft und Wirtschaft als Aufgabenstellungen eines Designs von Organisationen verstanden, das diesen ein Problem verschreibt, das unlösbar ist, aber zur Suche nach immer wieder neuen Lösungen genutzt werden kann. Unternehmerische Initiative ist dort gefordert, wo es gilt, diese passenden Probleme zu finden und zu implementieren.

Was Sie aus diesem Essential mitnehmen können:

- Anregungen, Ihr eigenes Führungsverständnis zu reflektieren
- Einen erweiterten Blick für eine Organisation, die in allen ihren Elementen und bei allen ihren Mitarbeitern zu erkennen gibt, dass und wie sie in eine Gesellschaft eingebettet ist, von der sie sich schon deswegen unterscheidet
- Eine Skizze der Geschichte der Organisationstheorie
- Ein Verständnis für Formen
- Möglicherweise sogar eine erste Ahnung davon, dass und wie mit Formen zu rechnen ist

© Springer Fachmedien Wiesbaden 2015
D. Baecker, Postheroische Führung, essentials,
DOI 10.1007/978-3-658-08431-8

Literatur

Anderson, Robert. 1960. Reduction of variants as a measure of cultural integration. In *Essays in the science of culture in honor of Leslie A,* Hrsg. Gertrude E. Dole, und Robert L. Carneiro, 50–62. White: Crowell.

Ashby, W. Ross. 1958. Requisite variety and its implications for the control of complex systems. *Cybernetica111* 1:83–99.

Baecker, Dirk. 1993. *Die Form des Unternehmens.* Frankfurt a. M.: Suhrkamp.

Baecker, Dirk. 1994. *Postheroisches Management: Ein Vademecum.* Berlin: Merve.

Baecker, Dirk. 1995. Themen und Konzepte einer Klugheitslehre. In *Klugheitslehre: militia contra malicia,* Hrsg. Akademie Schloss Solitude, 54–74. Berlin: Merve.

Baecker, Dirk. 1999. *Organisation als System: Aufsätze.* Frankfurt a. M.: Suhrkamp.

Baecker, Dirk. 2002. *Wozu Systeme?* Berlin: Kulturverlag Kadmos.

Baecker, Dirk. 2003. *Organisation und Management: Aufsätze.* Frankfurt a. M.: Suhrkamp.

Baecker, Dirk. 2005a. *Form und Formen der Kommunikation.* Frankfurt a. M.: Suhrkamp.

Baecker, Dirk. 2005b. Wer rechnet schon mit Führung? *Organisationsentwicklung* 24 (2): 62–69.

Baecker, Dirk. 2007. *Wozu Gesellschaft?* Berlin: Kulturverlag Kadmos.

Baecker, Dirk. 2008. Der Umweg über China. In *Kontroverse über China: Sino-Philosophie,* Hrsg. ders., François Jullien, Philippe Jousset, Wolfgang Kubin, und Peter Pörtner, 31–47. Berlin: Merve.

Baecker, Dirk. 2009. *Die Sache mit der Führung.* Wien: Picus.

Baecker, Dirk. 2011. *Organisation und Störung: Aufsätze.* Frankfurt a. M.: Suhrkamp.

Beer, Stafford. 1981. *Brain of the firm.* 2. Aufl. Chichester: Wiley.

Burns, Tom, und George M. Stalker. 1961. *The Management of innovation.* London: Tavistock Institute.

Chandler, Alfred D. Jr. 1977. *The visible hand: The managerial revolution in american business.* Cambridge: Harvard University Press.

Colson, Elisabeth. 1978. A redundancy of actors. In *Scale and social organization,* Hrsg. Fredrik Barth, 150–162. Oslo: Universitetsforlaget.

Crozier, Michel, und Erhard Friedberg. 1993. *Die Zwänge kollektiven Handelns: Über Macht und Organisation.* Neuausgabe Bodenheim: Athenäum.

© Springer Fachmedien Wiesbaden 2015
D. Baecker, Postheroische Führung, essentials,
DOI 10.1007/978-3-658-08431-8

DiMaggio, Paul, Hrsg. 2001. *The twenty-first century firm: Changing economic organization in international perspective*. Princeton: Princeton University Press.

Dunbar, Robin. 1992. Neocortex size as a constraint on group size in primates. *Journal of Human Evolution* 20:469–493.

Dunbar, Robin. 2004. *The human story: A new history of mankind's evolution*. London: Faber.

Eccles, Robert G., und Harrison C. White. 1986. Firm and market interfaces of profit center control. In *Approaches to social theory*, Hrsg. Siegwart Lindenberg, James S. Coleman, und Stefan Nowak, 203–220. New York: Russell Sage.

von Foerster, Heinz. 1993. Prinzipien der Selbstorganisation im sozialen und betriebswirtschaftlichen Bereich. In *Wissen und Gewissen: Versuch einer Brücke,* ders., 233–268. Frankfurt a. M.: Suhrkamp.

Foucault, Michel. 1969. *Wahnsinn und Gesellschaft: Eine Geschichte des Wahns im Zeitalter der Vernunft, aus dem Französischen von Ulrich Köppen.* Frankfurt a. M.: Suhrkamp.

Foucault, Michel. 1976. *Überwachen und Strafen: Die Geburt des Gefängnisses, aus dem Französischen von Walter Seitter.* Frankfurt a. M.: Suhrkamp.

Goffman, Erving. 1962. *Erving Goffman, asylums: Essays on the social situation of mental patients and other inmates.* Chicago: Aldine.

Grabher, Gernot, Hrsg. 1993. *The embedded firm: On the socio-economics of industrial networks.* London: Routledge.

Gracián, Baltasar. 1978. *Handorakel und Kunst der Weltklugheit, aus dem Spanischen von Arthur Schopenhauer, mit einer Einleitung von Karl Voßler.* Stuttgart: Kröner.

Grote, Sven, Hrsg. 2012. *Die Zukunft der Führung.* Berlin: Springer Gabler.

Gutenberg, Erich. 1929. *Die Unternehmung als Gegenstand betriebswirtschaftlicher Theorie.* Berlin: Spaeth & Linde.

Handy, Charles. 1990. *The age of unreason.* Boston: Harvard Business School Press.

Hannan, Michael T., und John Freeman. 1977. The population ecology of organizations. *American Journal of Sociology* 82:929–964.

Jullien, François. 1999. *Über die Wirksamkeit, aus dem Französischen von Gabriele Ricke und Ronald Vouillé.* Berlin: Merve.

Lotman, Jurij M. 2010. *Die Innenwelt des Denkens: Eine semiotische Theorie der Kultur, aus dem Russischen von Gabriele Leupold und Olga Radetzkaja, hrsg. und mit einem Nachwort von Susi K. Frank, Cornelia Ruhe und Alexander Schmitz.* Frankfurt a. M.: Suhrkamp.

Luhmann, Niklas. 1977. *Zweckbegriff und Systemrationalität: Über die Funktion von Zwecken in sozialen Systemen.* Frankfurt a. M.: Suhrkamp (Neuausgabe).

Luhmann, Niklas. 1990. Haltlose Komplexität. In *Soziologische Aufklärung 5: Konstruktivistische Perspektiven,* ders, 59–76. Opladen: Westdeutscher Verlag.

Luhmann, Niklas. 1995. *Funktion und Folgen formaler Organisation.* 4 Aufl. Berlin: Duncker & Humblot (mit einem Epilog 1994.

Luhmann, Niklas. 1996. Das Erziehungssystem und seine Umwelten. In *Zwischen System und Umwelt: Fragen an die Pädagogik,* Hrsg. ders. und Karl Eberhard Schorr, 14–52. Frankfurt a. M.: Suhrkamp.

Luhmann, Niklas. 1997. *Die Gesellschaft der Gesellschaft.* Frankfurt a. M.: Suhrkamp.

Luhmann, Niklas. 2000. *Organisation und Entscheidung.* Opladen: Westdeutscher Verlag.

Machiavelli, Niccolò. 1978. *Der Fürst, aus dem Italienischen von Rudolf Zorn.* Stuttgart: Kröner.

Malik, Fredmund. 1996. *Strategie des Managements komplexer Systeme: Ein Beitrag zur Management-Kybernetik evolutionärer Systeme*. 5 erw. und erg. Aufl. Bern: Haupt.

Manz, Charles C., und Henry P. Sims. 1993. *Business without bosses: How self-managing teams are building high-performing companies*. New York: Wiley.

March, James G. 1988. *Decisions and organizations*. Cambridge: Blackwell.

March, James G., und Herbert A. Simon. 1993. *Organizations*. 2. Aufl. Cambridge: Blackwell.

Mayntz, Renate. 2005. Governance Theory als fortentwickelte Steuerungstheorie. In *Governance-Forschung: Vergewisserung über Stand und Entwicklungslinien*, Hrsg. Gunnar Folke Schuppert, 11–20. Baden-Baden: Nomos.

Meyer, John W., und Brian Rowan. 1977. Institutionalized organizations: Formal structure as myth and ceremony. *American Journal of Sociology* 83:340–363.

Neuberger, Oswald. 2002. *Führen und führen lassen: Ansätze, Ergebnisse und Kritik der Führungsforschung*. 6 völlig neu bearb. und erw. Aufl. Stuttgart: Lucius & Lucius.

Nohria, Nitin, und Robert G. Eccles, Hrsg. 1992. *Networks and organizations: Structure, form, and action*. Boston: Harvard Business School Press.

Parsons, Talcott. 1960. A sociological approach to the theory of organizations. In *Structure and process in modern societies*, ders., 16–58. New York: Free Press.

Perrow, Charles. 1978. Demystifying organizations. In *The management of human services*, Hrsg. Rosemary C. Saari und Yeheskel Hasenfeld, 105–120. New York: Columbia University Press.

Power, Michael. 1997. *The audit society: Rituals of verification*. Oxford: Oxford University Press.

Rockenbach, Betina, Abdolkarim Sadrieh, und Barbara Mathauschek. 2007. Teams take the better risks. *Journal of Economic Behavior & Organization* 63:412–422.

Schein, Edgar Henry. 1985. *Organizational culture and leadership*. San Francisco: Jossey-Bass.

Seliger, Ruth. 2008. *Das Dschungelbuch der Führung: En Navigationssystem für Führungskräfte*. Heidelberg: Carl Auer.

Shackle, G. L. S. 1979. Information, formalism, and choice. In *Time, uncertainty, and disequilibrium: Exploration of austrian themes*, Hrsg. Mario J. Rizzo, 19–31. Lexington: Lexington Books.

Simmel, Georg. 1992. *Soziologie: Untersuchungen über die Formen der Vergesellschaftung, hrsg. von Otthein Rammstedt*. Frankfurt a. M.: Suhrkamp.

Simon, Herbert A. 1946. The proverbs of administration. *Public Administration Review* 6:53–67.

Simon, Herbert A. 1997. Administrative behavior: A study of decision-making processes in adminstrative organization. 4. Aufl. New York: Free Press.

Simon, Fritz B. 2004. *Gemeinsam sind wir blöd!? Die Intelligenz von Unternehmen, Managern und Märkten*. Heidelberg: Carl Auer.

Smith, Barbara Herrnstein, und Plotnitsky Arkady. 1995. Networks and symmetries, decidable and undecidable. In *South atlantic quarterly 94, heft 2: Special issue on mathematics, science, and postclassical theory*, Hrsg. Barbara Herrnstein Smith und Arkady Plotnitsky, 371–388. Durham: Duke University Press.

Spencer-Brown, George. 2008. *Laws of form*. Lübeck: Bohmeier.

Stillwell, John. 2002. *Mathematics and its history*. 2. Aufl. New York: Springer.

Thompson, James D. 1967. *Organizations in action: Social science bases of administrative theory*. New York: McGraw-Hill.

Weick, Karl E. 1985. *Der Prozeß des Organisierens, aus dem Amerikanischen von Gerhard Hauck*. Frankfurt a. M.: Suhrkamp.

Weick, Karl E. 1995. *Sensemaking in organizations*. Thousand Oaks: Sage.

Weick, Karl E. 2000. *Making sense of the organization*. Oxford: Blackwell Business.

Willke, Helmut. 2007. *Smart governance: Governing the global knowledge society*. Frankfurt a. M.: Campus.

Wimmer, Rudolf. 1996. *Kann man Führung lernen? Professionalisierungschancen in veränderter wirtschaftlicher Situation*. Ratio 2, Nr. 4, 15–18.

Wimmer, Rudolf. 2009. Führung und Organisation– zwei Seiten ein und derselben Medaille. *Revue für postheroisches Management* 4:20–33.

Wimmer, Rudolf. 2010. 3. *Modus der Beratung, Diskussionspapier der osb-Akademie*. Wien: osb.

Wimmer, Rudolf, und Thomas Schumacher. 2008. Führung und Organisation. In *Praktische Organisationswissenschaft: Lehrbuch für Studium und Beruf*, Hrsg. Rudolf Wimmer, Jens O. Meissner, und Patricia Wolf, 169–193. Heidelberg: Carl Auer.

Zhou, W.-X., D. Sornette, R. A. Hill, und R. I. M. Dunbar. 2005. Discrete hierarchical organization of social group sizes. *Proceedings of the Royal Society* 272:439–444.